PROJET

DE

CONSTITUTION RÉPUBLICAINE.

PAR LÉON BROTHIER

Égalité.

Ordre — Fraternité — Liberté.

1848.

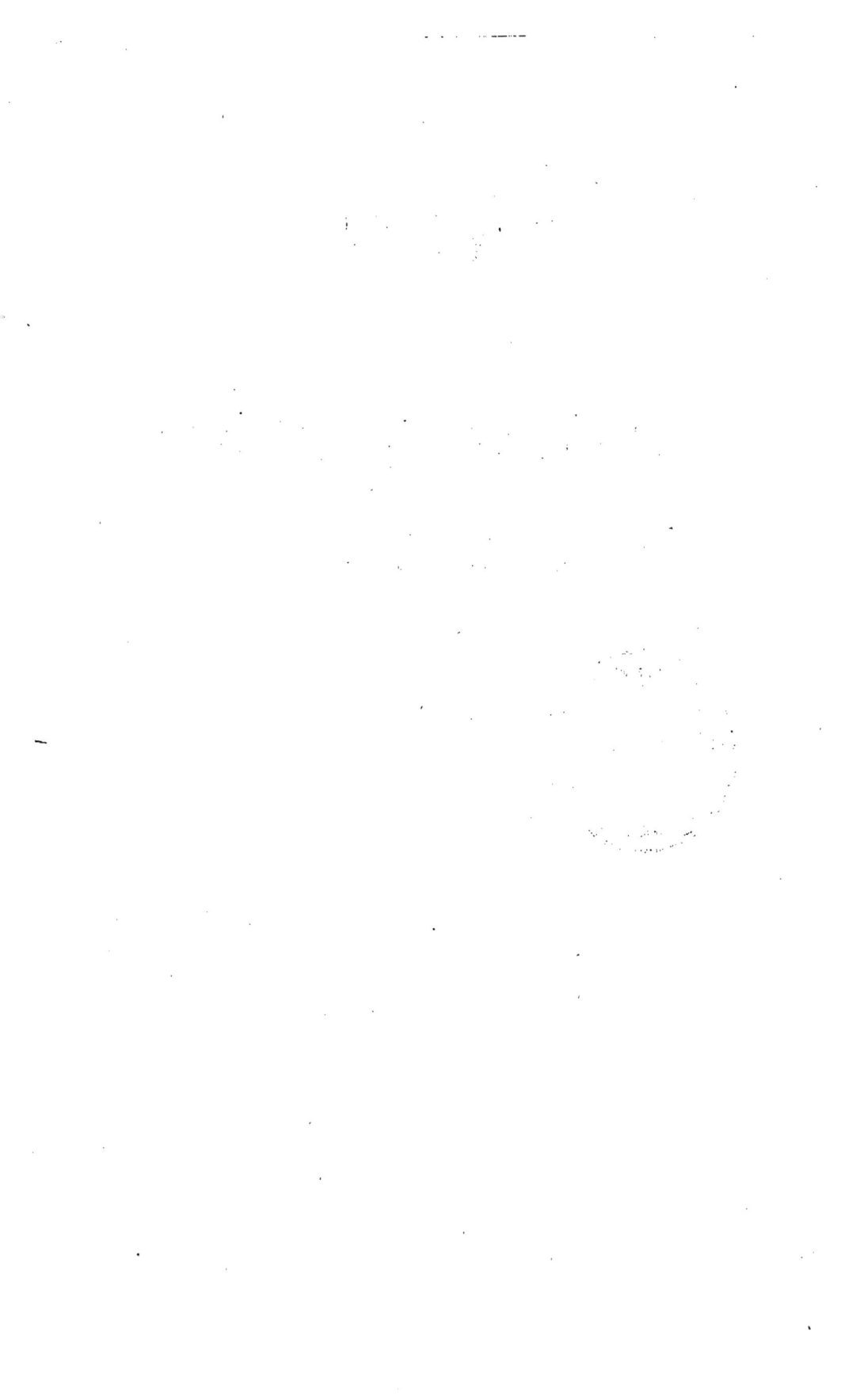

L'auteur de ce travail publia, en 1839, sous ce titre :
Du Parti Social, un ouvrage distribué seulement à un
petit nombre d'amis.

Ce livre, à l'époque où il parut, n'aurait pu être com-
pris des masses. La coalition venait de renverser un ministère ; les partis politiques, enhardis par leurs succès,
se regardaient comme les arbitres des destinées de la
France. Le moment semblait mal choisi pour dire à ces
partis que leur tâche était terminée, que leur importance
allait disparaître, que bientôt il s'agirait de choses autrement grandes que celles qui les préoccupaient, qu'enfin,
les questions sociales allaient prendre la place des questions politiques.

Un homme, cependant, se rencontra, qui comprit qu'en
effet le temps était venu où les vieilles rancunes et les

petites ruses de la stratégie parlementaire allaient disparaître en face de problèmes nouveaux et jusque-là tenus
dans l'ombre , mais dont la solution , cependant , ne pouvait plus être retardée. Cet homme , c'est Lamartine.

Voici ce qu'il écrivait à l'auteur du *Parti Social* :

« J'ai reçu le livre social et je l'ai parcouru déjà. Je le
» lirai incessamment plus à fond. Il me paraît contenir
» tous les principaux articles du symbole que nous vou-
» drions formuler. L'horizon est vaste , et chaque point
» de vue m'y paraît vrai. C'est dire assez.

» Deux choses m'ont convaincu , comme vous, qu'il
» fallait créer ce parti au-dessus des partis. La première ,
» c'est qu'on ne réconcilie jamais les hommes sur le ter-
» rain où ils viennent de se combattre : il faut déplacer
» la question , c'est le premier mérite de l'idée sociale.

» La seconde , c'est que l'œuvre politique de 1789 étant
» terminée, il fallait donner à l'esprit du siècle son œuvre
» véritable. Or, cette œuvre ne peut plus être autre que
» de réformer dans la société ce qui a été réformé dans
» les gouvernemens. La forme conquise, il faut aller au
» fond ; la liberté obtenue, il faut s'en servir. Elle n'est ,
» après tout, qu'un instrument ; elle n'a de valeur que
» comme moyen , et nullement comme but. L'idée sociale
» sait encore cela.

» Je suis bien heureux , Monsieur, de la voir si admira-
» blement comprise et si habilement expliquée. Elle a en-
» core bien peu d'hommes qui la comprennent. Mais les
» vérités qui ont de tels apôtres ne meurent qu'après avoir

» porté leurs fruits. Je ne doute pas de ceux que produira
» votre excellent livre ; permettez-moi d'ajouter que je
» vous en remercie pour la France et pour l'humanité.

» Agréez , Monsieur , etc.

» Monceaux , 29 septembre 1839. »

Quelles étaient ces idées que Lamartine saluait comme
une bonne fortune pour la France et pour l'humanité ? Ces
idées , les voici sous leur forme la plus simple.

La lutte s'est d'abord engagée entre la couronne et les
grands vassaux. Par une heureuse transaction , Louis XIV,
en faisant accepter à la noblesse des honneurs d'anti-
chambre en échange de ses prérogatives de juridiction ,
mit fin à ce premier acte du grand drame dont nous sommes appelés à voir le dénoûment.

La guerre fut bientôt rallumée cependant. Cette fois ce
fut entre la bourgeoisie et les classes privilégiées. Dans
cette période historique , la Convention joua le rôle qu'a-
vaient joué Louis XI et Richelieu. Napoléon rétablissant
d'une main les titres nobiliaires et mettant de l'autre un
bâton de maréchal dans la giberne de ses soldats , termin
cette lutte acharnée.

A la Restauration , un nouvel élément de discorde ne
tarda pas à éclater. Cette fois les partis ne se donnèrent
pas à eux-mêmes leur véritable nom. Ils s'appelèrent *libéralisme* et *légitimisme*, au lieu de s'appeler, comme ils
auraient dû le faire s'ils avaient eu conscience d'eux-
mêmes, *travail* et *propriété*.

Lisez l'histoire des trente dernières années : quel était le but des efforts des divers partis? Abattre ou maintenir le double vote qui assurait la prépondérance à la propriété foncière ; admettre dans le cens électoral ou en rejeter l'impôt des patentes, qui donnait des organes aux intérêts des travailleurs.

Dans ces derniers temps, sur quel terrain se concentrait la plus ardente lutte? N'était-ce pas sur les questions relatives à l'introduction des capacités dans les listes électorales ; n'était-ce pas sur la réforme parlementaire, c'est-à-dire sur le redressement des griefs du travail qui ne se trouvait pas suffisamment représenté?

Pour prévenir une révolution, il fallait, laissant de côté les questions accessoires dont la tribune retentissait, aller droit au fond des choses et se demander comment il était possible de concilier les intérêts du travail et ceux de la propriété. La réforme électorale n'était qu'un moyen de faciliter l'étude du problème, mais n'en était pas la solution.

Dès 1836, pour les hommes placés à ce point de vue, pour les hommes familiarisés avec les idées sociales, la constitution était à refaire, car celle qui existait alors était trop étroite pour laisser une place aux grandes questions qui allaient surgir.

Depuis cette époque, celui qui écrit ces lignes n'a cessé de méditer en silence sur une révolution dont il était facile de prévoir le caractère, et dont un heureux hasard lui avait fait deviner la date, puisqu'il annonçait, en 1839,

que la constitution de 1830 ne durerait pas dix ans encore. Il croit encore pouvoir être utile en publiant, sous
une forme plus en harmonie avec les exigences du moment, les idées qu'il avait développées à une autre époque, et qui sont restées pour lui de profondes convictions.

La question à résoudre est toujours la même ; seulement, d'obscure qu'elle était, elle est devenue évidente.

Que se passe-t-il dans les régions extrêmes du monde
politique ? N'y voyons-nous pas s'agiter des hommes que
nous regardons comme dangereux, parce qu'ils sont éga-
rés, parce que, exclusivement préoccupés d'un côté de
cette immense question qui recèle dans ses flancs l'avenir
des sociétés modernes, et ne pouvant apercevoir l'autre,
ils le nient ou voudraient n'en tenir aucun compte ?

La chose publique a deux sortes d'ennemis : ceux qui,
exclusivement frappés des souffrances des travailleurs,
ne craindraient pas pour les soulager de porter au droit
de propriété les plus rudes atteintes, et ceux qui, par une
réaction inévitable, exclusivement occupés des intérêts
de la propriété et de la famille, méconnaissent les droits
du travail, et ne veulent apporter aux misères des travailleurs que d'insignifians et hypocrites palliatifs.

Si les hommes exclusifs sont, par l'exagération même
de leur exclusivisme, des hommes dangereux, ceux-là
seulement seront de bons citoyens qui, placés à un point
de vue plus compréhensif et plus large, embrassent par
d'égales sympathies les deux faces opposées du problème

social, et cherchent à les combiner dans le sein d'une harmonieuse association.

Ces mots : *travail, propriété,* pour passer de la langue des théories dans celle des faits pratiques, doivent subir cependant une indispensable transformation, car ce n'est pas avec des idées abstraites qu'on gouverne les sociétés.

Le travail, dans l'esprit de ses exclusifs défenseurs, se réduit presque entièrement au travail de l'atelier, aux opérations de l'industrie. C'est aux ouvriers à qui s'adressent surtout les ennemis de la propriété ; c'est parmi les ouvriers qu'ils cherchent à répandre leurs doctrines. D'un autre côté, si, par le mot *travail,* les hommes de parti n'entendent pas toute espèce de travaux, par celui de *propriété,* ils n'entendent pas non plus toute espèce de propriétés.

C'est parmi les représentans de la propriété foncière, de la propriété agricole que se trouvent principalement, mais comme exception, il est vrai, les ennemis du principe démocratique et les plus aveugles adversaires de toutes tentatives d'innovations sociales. La propriété mobilière, moins menacée, est aussi moins antipathique aux idées républicaines.

Si par droit de propriété on entendait le droit de vivre sans travailler ; si propriété et oisiveté étaient termes synonymes, aucune conciliation ne serait possible entre les deux élémens du problème social. Entre les travailleurs et les oisifs, entre les abeilles et les frélons une transaction ne peut être qu'une injustice. Grâce à Dieu , en France, il n'existe plus d'oisifs , il ne se trouve plus que des travailleurs. Seulement , de ces travailleurs, les uns prétendent qu'ils ne peuvent accomplir leur tâche s'ils ne sont pas libres de transmettre héréditairement à leurs familles les traditions et les outils de leur métier, c'est-à-dire leur expérience et leurs domaines ; les autres soutiennent que , pour travailler , l'ouvrier a assez de ses bras et des instrumens qu'il trouve dans l'atelier.

Posée de cette manière, la question cesse d'être insoluble. Elle se réduit , au fond, à concilier les intérêts de l'industrie et de l'agriculture. Mais, qu'on y prenne garde, ce n'est pas seulement des intérêts matériels qu'il s'agit , c'est aussi des intérêts moraux de ces deux grandes branches du travail ; intérêts moraux que nous verrons être de natures bien différentes et comprendre la presque totalité des sentimens humains.

Si cette conciliation est l'œuvre capitale des sociétés modernes, il est évident que c'est en vue de cet idéal que doit être rédigée la Constitution du peuple initiateur, du peuple à qui la Providence a confié le glorieux apostolat du progrès et de la fraternité.

Il est impossible que l'Assemblée nationale oublie le vœu hautement manifesté par la majorité des électeurs de qui elle tient son mandat ; il est impossible qu'elle oublie que la protection de la propriété et de la famille est son premier devoir. Mais il est impossible aussi qu'elle ne veuille pas donner ample et juste satisfaction à ces aspirations populaires qui , ne sachant quel autre nom donner à la

représentation politique des intérêts de l'industrie, se for-
mulaient par la demande d'un ministère du travail.

Ce double but serait-il complètement atteint par l'adoption du projet de Constitution dont on va lire l'exposé des
motifs et les dispositions principales? Nous n'avons pas la
prétention de le croire. Tout ce que nous désirons, c'est
que l'attention des législateurs se porte sur les idées générales qui ont servi de base à notre travail, parce que nous
avons la conviction profonde que de la réalisation de ces
idées dépend l'avenir et le développement des institutions
républicaines.

PROJET

DE

CONSTITUTION RÉPUBLICAINE.

I.

L'Assemblée nationale est réunie depuis quinze jours, et déjà on s'étonne qu'elle n'ait pas commencé à discuter les bases de la constitution.

Nos pères de la première Assemblée nationale ont cru, il est vrai, dans leur sagesse, devoir mettre un an entier à rédiger la constitution qui prépara le renversement de la royauté. Mais, depuis ce temps, nous n'avons eu que des chartes improvisées ; celle de 1830 fut rédigée , discutée et votée en quelques heures.

Rien de plus simple en apparence qu'une constitution républicaine. Le suffrage universel nomme une Assemblée souveraine qui délègue le pouvoir exécutif à un Président ou à des ministres responsables, voilà toute la constitution ; le reste n'est qu'un ensemble de dispositions accessoires et sans importance.

Parler ainsi, c'est déclarer qu'il n'y a qu'une forme possible de république, celle de 93 ; c'est avouer qu'on n'a réfléchi ni sur ce que doit être une constitution, ni sur les progrès accomplis par la raison publique, depuis qu'éclatait entre les mains ensanglantées des géans de la Montagne ce moule trop étroit où l'on voudrait pouvoir couler encore une fois les tables de bronze sur lesquelles doivent être gravées les institutions politiques de la France.

Toute constitution, toute charte est un traité de paix, un pacte de conciliation entre des élémens rivaux dont la lutte entraînerait la chute des sociétés.

La constitution de 1814 fut une transaction entre le passé et l'avenir, entre l'émigration et le libéralisme, œuvre impossible frappée de mort dans son germe. La charte de 1830 fut une sorte de compromis entre la monarchie et la république, entre le peuple et la bourgeoisie.

Aujourd'hui qu'il n'existe plus de classes, aujourd'hui qu'au milieu des ruines des anciennes institutions le peuple est seul resté debout, quels intérêts reste-t-il à concilier, entre quels élémens sociaux la nouvelle constitution doit-elle avoir pour mission de faire régner l'équilibre ?

Les intérêts à concilier ne sont plus ceux du prolétariat et de la bourgeoisie, car il n'existe plus que des citoyens : il n'y a plus, comme dans les républiques anciennes, à fortifier les distinctions établies entre le citoyen et l'esclave, car parmi nous, grâce à l'idée chrétienne, il ni a n'y esclave, ni citoyen, il n'y a plus que des hommes.

Les intérêts que la charte nouvelle doit concilier sont donc, non les intérêts de diverses classes d'hommes, mais les intérêts de l'homme lui-même, les intérêts inhérens à la nature humaine.

J'ai trois sortes d'intérêts bien distincts : ceux de ma personne, ceux de ma famille, ceux de ma patrie. Je veux que, par le libre développement de mes facultés, mon travail puisse augmenter la somme de mes jouissances; je veux pouvoir, par mes épargnes, aider mes enfans à remplir la tâche qui leur sera un jour assignée dans l'atelier humain; je veux enfin que la société dont je suis membre soit riche et bien ordonnée au dedans, forte et honorée au dehors. Voilà mes véritables intérêts, non parce que j'appartiens à une classe ou à une autre, mais parce que je suis homme, parce que je suis citoyen.

Qu'on épuise les ressources de la plus savante analyse et l'on arrivera toujours à ces trois faits primordiaux, à ces trois termes élémentaires qui servent de point de départ aux intérêts, aux droits et aux devoirs de l'homme.

Suivant la nature du procédé analytique dont on aura fait usage, ces élémens sortiront du creuset avec des formes différentes, mais sous les diverses apparences qu'ils revêtiront, il sera toujours facile de reconnaître leur identité :

Individualité, — Famille, — Patrie,

Industrie, — Propriété, — Fonction,

Innovation, — Tradition, — Conservation,

Liberté, — Fraternité, — Ordre ;

qui ne sent que ce ne sont là que des variations de la même synonymie philosophique ?

Parce que ces trois sortes d'intérêts se réunissent pour constituer l'ensemble des intérêts de chacun de nous, parce qu'ils sont inséparables, il ne faut pas croire qu'ils soient tellement unis, qu'il soit inutile de chercher à établir entre eux un harmonieux équilibre. Il est au contraire de leur nature de se combattre, et c'est pour cela que les sages s'accordent à regarder la vie morale de l'homme comme une lutte perpétuelle.

Si je n'écoutais que la voix de mon intérêt personnel, je serais un mauvais père, un mauvais citoyen. Quand, au contraire, je prélève sur le fruit de mon labeur de chaque jour, de quoi payer l'impôt, de quoi élever ma famille, ou à défaut de famille, de quoi aider les amis, les frères, le prochain, c'est-à-dire les membres de cette grande famille dont je fais partie, c'est un sacrifice que fait mon intérêt personnel aux intérêts de famille et aux intérêts généraux.

Empêcher un de ces intérêts de prédominer aux dépens des autres, éviter de porter l'amour du moi jusqu'à l'égoïsme, et de laisser dégénérer ma tendance au dévoûment jusqu'à l'abnégation, jusqu'à l'oubli de ma propre dignité, ce sont là pour l'individu des devoirs de conscience ; ce sont là pour les peuples des devoirs politiques, car la politique n'est autre chose que la loi morale des corps sociaux.

Il y a des hommes placés surtout au point de vue des intérêts de famille, les agriculteurs par exemple. On peut faire de l'industrie, avec des individus, on ne fait d'agriculture qu'avec des familles. L'ouvrier des fabriques loge où il veut ; mange où il veut ; le paysan loge chez le fermier, mange avec lui, il est membre de sa famille. Le régime féodal, le régime fondé sur la suprématie de l'esprit de famille, avait lié à la glèbe non-seulement le serf, mais le seigneur lui-même, puisque de tous les travaux pacifiques l'agriculture était le seul qui ne dérogeât point. Si nous voulions poursuivre les analogies que nous avons sommairement indiquées, il nous serait facile de montrer comment les intérêts de l'agriculture sont inséparables de ceux de la propriété, comment pour l'agriculture l'esprit de tradition sert de base au progrès ; comment, enfin, les sentimens de fraternité lui sont plus chers que les nobles, mais périlleuses jouissances qu'offre la liberté.

L'industrie commerciale ou manufacturière, les beaux-arts, les sciences, et ce qu'on appelle en général les professions libérales ont un tout autre caractère.

Dans cette série de travaux, les individus agissent isolément et n'ont pas besoin du secours de la famille. Un laboureur qui a de nombreux enfans est mieux rétribué par le fermier que ne le serait un célibataire : qu'un charpentier ou un maçon, qu'un peintre ou un avocat ait une nombreuse famille cela n'ajoutera rien à la valeur de son travail. Le paysan plante un arbre dans l'espérance que ses petits neveux se reposeront sous son ombrage ; ce n'est pas pour ses enfans que le savant fait une découverte, ou que le poète écrit un drame. Ils partageront sans doute avec leur famille les fruits de leurs travaux, mais ce n'est pas absolument en vue de ce partage qu'ils travaillent. L'artiste et l'ouvrier aiment leur art pour lui-même, ils y trouvent un fond inépuisable de jouissances personnelles. Le marchand, le fabricant ne sont pas fâchés de voir leurs fils devenir avocats ou médecins, si telle est leur vocation ; le cultivateur voit toujours avec regret les siens quitter les champs et abandonner l'héritage paternel. La science, l'art, l'industrie vivent surtout d'innovations et ne tiennent de la tradition qu'un compte secondaire ; toute entrave arrête leurs développemens : liberté de la presse, liberté de la pensée, liberté du commerce, liberté des échanges, tels sont leurs vœux les plus hautement exprimés.

A côté de ces deux catégories de travailleurs, il s'en trouve une troisième à laquelle on n'a pas rendu une justice complète; c'est celle des hommes placés presque exclusivement au point de vue des intérêts généraux, c'est celle des fonctionnaires publics, magistrats, professeurs, administrateurs, militaires, marins, ingénieurs; c'est celle, en un mot, des conservateurs de l'ordre et des défenseurs de la chose publique. Le premier devoir de ces hommes, c'est de s'oublier eux-mêmes, c'est d'oublier leur famille pour la patrie; c'est, lorsque le salut du pays l'exige, de dévouer leur enfans comme Brutus, leur personne comme d'Assas.

Ainsi trois sortes distinctes d'intérêts à concilier, voilà la tâche qu'aura à remplir la nouvelle constitution, si elle veut être véritablement républicaine, si elle ne veut ni exclusions, ni priviléges.

A ces trois sortes d'intérêts la loi doit une *égale* protection, car ils sont également essentiels et inhérens à la nature humaine, car ils sont également les conditions nécessaires de l'existence des sociétés modernes. Un état de chose qui sacrifierait tout à la liberté individuelle, nous ramènerait à l'état sauvage; une organisation fondée uniquement sur les sentimens de famille nous ferait rétrograder jusqu'à cette féodalité orientale, jusqu'à cette barbarie immobilisée par l'esprit de tradition dont le céleste empire est l'expression dernière; un régime établi exclusivement en faveur des intérêts généraux, absorbant l'homme dans le citoyen, ferait de la société un régiment, et du pays un vaste caserne, étoufferait toute spontanéité individuelle, substituerait au caractère national le stoïcisme de Lacédémone ou cette obéissance passive à la règle qui était la vertu des sectateurs du Vieux de la Montagne.

L'instinct populaire avait deviné cet axiôme philosophique qui érige en loi absolue l'égalité des trois formes primordiales de l'intérêt humain : *Nul individu, nulle corporation, nulle famille ne peut être dépossédée de ses biens, même pour cause d'utilité générale, à moins d'une indemnité préalable.* Que signifie cette loi fondamentale de notre droit civil, si ce n'est que jamais l'intérêt individuel, ou l'intérêt familial ne peuvent légitimement être sacrifiés à l'intérêt public ?

Egalité entre les intérêts de la *Liberté*, de la *Fraternité* et de l'*Ordre*, telle doit donc être la maxime fondamentale dont la constitution ne sera que l'application et le légitime corollaire.

II.

La loi écrite, la loi morte et immuable ne peut régir des faits vivans et soumis à des changemens perpétuels ; une constitution ne peut par elle-même concilier des intérêts rivaux et prévoir les mille complications auxquelles donnera lieu leur antagonisme ; ce qu'elle doit faire, c'est de constituer un tribunal arbitral chargé de prononcer chaque jour sur les dissentimens qui peuvent naître, ou plutôt de veiller, par de sages et prévoyantes dispositions, à ce qu'aucun nouveau dissentiment puisse s'élever. C'est à des hommes et non à des textes que doit être confiée la protection des intérêts humains.

Telle est l'origine du gouvernement représentatif. Dans cette forme de gouvernement, les diverses branches du pouvoir législatif constituent un véritable conseil d'arbitres auquel sont confiés les grands intérêts du pays. Les sénateurs, les députés, les représentans sont des mandataires, précisément parce qu'ils ont à exercer une magistrature arbitrale, et qu'il est de l'essence de cette magistrature de tirer ses pouvoirs des justiciables eux-mêmes.

Le gouvernement républicain, fondé exclusivement en vue des intérêts populaires, sera par excellence un gouvernement représentatif.

Est-ce, comme on le suppose généralement, à une seule assemblée que la constitution devra confier le soin de maintenir l'harmonie entre les trois grandes classes d'intérêts dont l'ensemble constitue l'intérêt national?

Puisque ces intérêts sont égaux, ils devront être également représentés dans le sein de cette unique assemblée. Il faudra donc que la même chambre législative renferme trois classes de membres tirant leur pouvoir de trois origines diverses.

Il faudra de plus que chacune de ces trois classes vote isolément et exprime d'une manière indépendante, sur chaque question, les intérêts qu'elle représente, car s'il en était autrement, si l'on votait par tête, il pourrait arriver, il arriverait infailliblement, dans certains cas, que les représentans de deux classes d'intérêts se réuniraient pour opprimer ceux de la troisième. Il faudra de plus que la loi résulte non de la majorité, mais de l'unanimité de ces trois votes, car alors seulement sera respecté ce grand principe qui domine toute théorie démocratique, à savoir que, dans aucun cas, une classe d'intérêts ne doit être sacrifiée aux autres.

Mais avec ces indispensables restrictions, on n'aura plus une assemblée unique, mais trois assemblées distinctes, ou, pour parler plus exactement, on aura un souverain en trois personnes, un pouvoir législatif composé de trois élémens de natures différentes.

Voilà ce qu'exige la logique; n'est-ce pas aussi ce que recommande l'expérience ? Il n'existe de nos jours que deux républiques : la Suisse et les États-Unis; car nous ne parlerons pas des républiques naissantes de l'Amérique du Sud, puisque loin de pouvoir fournir un exemple aux autres nations, elles ne savent pas encore elles-mêmes d'après quel type elles devront définitivement se constituer.

En Suisse, une assemblée unique et sans contrepoids dicte des lois générales à la Confédération ; mais la Suisse est en proie à l'anarchie, mais le désordre y règne d'une manière permanente, mais la guerre civile y éclate, et prouve assez combien peu est impartial l'arbitrage d'une seule assemblée.

Le pouvoir administratif aux États-Unis repose sur l'unanimité des trois pouvoirs; le sénat, le corps législatif et le président concourent *également* à la formation de la loi. Dans les circonstances ordinaires, l'assentiment du chef du pouvoir exécutif est aussi nécessaire que celui de l'une ou l'autre assemblée. Quoique démocratiquement administrés, les États-Unis sont la nation la plus riche, la plus calme, la plus florissante qui soit sur la terre.

Nous avons nous-même expérimenté des constitutions de diverses natures. Sous la Constituante, la Législative, la Convention, le pouvoir législatif était confié à une seule assemblée ; il s'est fait, durant cette période, de grandes et nobles choses, sans doute; mais le pays était-il florissant et calme ? L'ordre et la sécurité reparurent aussitôt que fut proclamée la constitution de l'an III, précisément parce qu'à côté du Conseil des Cinq-Cents, elle plaçait le Conseil des Anciens et le Directoire. Depuis cette époque, le pouvoir législatif a toujours, parmi nous, été composé de trois élémens distincts; e si cette forme constitutionnelle, sous laquelle la France est arrivée à un degré de prospérité qui n'avait pas d'exemple, sous laquelle nous avons fait notre apprentissage de liberté et nous sommes progressivement initiés aux devoirs de la vie républicaine ; si cette forme constitutionnelle n'a pas produit cependant tous les fruits qu'on devait en attendre, ce n'est pas parce qu'elle reposait sur la triplicité du pouvoir, mais parce qu'elle avait violé le principe fondamental du droit public des temps modernes, en niant l'*égalité* des trois pouvoirs et en accordant à la représentation des intérêts généraux, des intérêts conservateurs, un titre et un rang supérieur à celui des deux autres branches de la représentation nationale.

L'existence d'une seule assemblée législative offre les plus graves dangers. On sait combien les hommes qui, pris isolément, sont plus difficilement impressionnables, se laissent, dès qu'ils sont réunis, facilement entraîner par une voix éloquente. Combien de fois n'a-t-on pas vu un orateur fasciner, électriser une assemblée, et lui faire voter d'enthousiasme les plus dangereuses mesures? Ces lois surprises à un entraînement irréfléchi sont impossibles sous le régime des trois pouvoirs, parce que l'éloquence qui a triomphé dans une enceinte ne peut exercer son pouvoir dans une autre, parce que les épreuves auxquelles est soumise, dans la seconde assemblée, la mesure votée par la première, laissent à l'exaltation le temps de se calmer, à la réflexion celui d'envisager les questions sous leurs divers aspects, à l'opinion publique de se manifester par l'organe des publicistes étrangers à la législature. Pour prévenir les motions d'enthousiasme, on a proposé une mesure qui paraît suffisante au premier aperçu. Une loi ne pourra être votée qu'après trois lectures faites à quelques jours d'intervalle l'une de l'autre. Malheureusement, en voulant ainsi prévenir le mal, on empêcherait, dans beaucoup de cas, le bien de se faire. Il est une foule de circonstances ù une décision immédiate est indispensable : si l'ennemi v ent à franchir la frontière, si une province vient à lever l'étendard de la révolte, si une calamité imprévue frappe un département, attendra-t-on patiemment que les intervalles exigés entre chaque lecture soient écoulés avant de prendre les mesures que le danger imminent rend nécessaires? La pratique obligera d'ajouter à la constitution qu'en cas d'urgence, les trois lectures peuvent être supprimées; mais, on en peut être assuré d'avance, les hommes dont l'irrésistible parole aura le pouvoir de subjuguer l'assemblée souveraine ne manqueront pas d'employer d'abord le prestige de leur éloquence à faire déclarer urgentes les mesures improvisées qu'ils voudront faire convertir en loi.

Mais ce n'est là cependant que le moindre des dangers auxquels une assemblée unique exposerait le pays. Le propre de tout corps constitué, le propre de tout pouvoir, c'est d'être envahissant. Une assemblée est comme un homme, et il est dans la nature de l'homme de chercher incessamment à étendre sa puissance. Concentrez le pouvoir législatif dans la main d'une assemblée, et voyez ce que sera en face de cette assemblée le pouvoir exécutif? Le pouvoir législatif et le pouvoir souverain se confondant, l'assemblée législative sera une assemblée souveraine. Le président, les conseils, les ministres ne seront que ses sujets, et bientôt ne seront plus que ses commis ou ses esclaves.

L'assemblée s'emparera bientôt du pouvoir exécutif, et à plus forte raison du pouvoir judiciaire. Or, depuis le jour où parut l'*Esprit des Lois*, qui ignore que la réunion de ces trois pouvoirs en une seule main est ce qui constitue la plus odieuse et la plus insupportable tyrannie?

Le peuple est un, a-t-on dit, il doit être représenté par une assemblée unique. Le peuple, répondons-nous, est un e multiple tout ensemble. La France a une personnalité morale, il est vrai; mais cette unité n'est que la résultante des forces nombreuses qui manifestent par leur activité la vie nationale. Le peuple a un intérêt et plusieurs intérêts. Pour se résoudre en un seul intérêt, ces intérêts distincts doivent être respectivement représentés. L'unanimité des trois pouvoirs peut seule être l'expression logique et sincère de la volonté nationale, car l'unanimité, une dans sa forme, multiple dans son origine, répond seule à la double nature du vœu populaire.

Adjurons donc nos législateurs de ne pas se laisser séduire par de fallacieuses apparences jusqu'au point de croire, malgré l'exemple que nous en donnent les États-Unis d'Amérique, que le gouvernement des trois pouvoirs est incompatible avec l'institution républicaine, et que l'organisation politique de 93 est la seule qui puisse convenir à une démocratie. Mais hâtons-nous de dire en même temps que si nous repoussons, comme le plus grand malheur qui puisse compromettre l'avenir du pays, l'établissement d'une seule assemblée, que si nous croyons que la constitution doive déléguer à trois pouvoirs distincts l'exercice de la souveraineté dont le principe est dans le peuple, nous croyons aussi que ces trois pouvoirs seront autrement constitués qu'ils ne l'étaient sous les régimes qui se sont succédé, et dont la volonté nationale vient de balayer les derniers vestiges.

III.

Le gouvernement des trois pouvoirs est la grande conquête de l'esprit humain dans les temps modernes, et la seule institution qui ait puissamment concouru parmi nous au développement des principes démocratiques. Toute autre forme de

gouvernement confisque le pouvoir au profit d'une seule classe
d'intérêts, au profit des intérêts dont les représentans se trouveront être en majorité dans le sein du pouvoir unique à qui
serait confié l'avenir du pays. Le gouvernement des trois pouvoirs, accordant seul une égale influence à tous les grands intérêts sans exception, ne créant ni exclusion, ni privilége,
remplit la principale condition que doit remplir un gouvernement démocratique et populaire.

Nous insistons sur ce point, parce qu'un préjugé assez ré-
pandu s'obstine à confondre avec la monarchie cette forme gouvernementale que les Bourbons ont acceptée, il est vrai, mais
dont ils ont, par de continuels empiétemens, cherché toujours
à fausser le principe, précisément parce qu'ils savaient que
de ce principe ne pouvaient sortir que des conséquences républicaines.

Dès le premier jour, l'un des trois pouvoirs constitution-
nels a été réduit à n'avoir qu'une existence nominale. Le droit
que s'était réservé la couronne de changer à son gré, par d'ar-
bitraires nominations, la majorité dans la chambre haute, en
détruisant l'indépendance et par conséquent l'existence politique de la pairie, avait laissé la royauté face à face avec la
chambre élective. Dans la lutte qu'il était facile de prévoir, la
couronne avait d'avance mis de son côté toutes les chances fa-
vorables. Le droit de dissolution, d'une part, et l'introduction
des fonctionnaires dans la chambre élective, assuraient au pouvoir royal une incontestable prépondérance. Malgré tout ce
qu'on avait réussi à faire pour le dénaturer dans son essence, il
y a cependant, dans le gouvernement des trois pouvoirs, quelque chose de si éminemment démocratique, que son ombre
seule, car nous n'en avions plus que l'ombre, que son ombre
seule à suffi pour briser ce qui restait encore parmi nous d'institutions monarchiques.

La division du pouvoir devra, dans la nouvelle constitution, reposer non plus sur le privilége, ou, comme on le disait, sur la prérogative, mais sur l'égalité la plus entière. Avant d'entrer dans des détails organiques et d'expliquer comment nous comprenons que doive être constitué le nouveau gouvernement, qu'il nous soit permis de reprendre l'ordre logique de nos déductions et d'étudier avant tout ce qu'est le peuple, source et principe de tout pouvoir.

Le peuple n'est-il que la réunion des citoyens dont une nation se compose ? Tous les individus qui habitent le territoire d'un pays en sont-ils citoyens ? Oui, s'empressera-t-on de répondre, s'ils ne sont point atteints de quelque incapacité naturelle ou légale. Ainsi on fait reposer le droit de cité sur le fait seul de naissance ou d'habitation.

Nous repoussons comme fausse et flétrissante cette définition du titre de citoyen. C'est ravaler le droit que le faire sortir d'un fait matériel, car le droit par sa nature ne peut être que la conséquence morale d'un devoir accompli. Droit et devoir sont deux termes corrélatifs, deux expressions inséparables. Ce n'est pas le hasard de la naissance qui m'a donné ce beau titre de citoyen français, je le dois à l'amour que j'ai pour mon pays, aux services que je cherche à lui rendre. Il est si vrai que la naissance n'est pas ce qui constitue essentiellement le droit de cité, que tous les peuples anciens et modernes ont cru pouvoir le conférer à des étrangers comme une glorieuse récompense.

Si l'étranger qui a bien mérité de la France devient citoyen, le Français qui a démérité ou qui n'a aucun mérite, qui viole les lois ou qui ne fait rien pour le pays, ne peut jouir du droit de cité. L'exercice de ces droits est suspendu pour l'interdit et le coupable ; mais il l'est aussi pour l'oisif, pour l'homme qui volontairement se rend inutile à son pays.

Un peuple est une association d'hommes travaillant sous une loi commune, dans un but commun ; le peuple ne se compose que de travailleurs, et le titre de citoyen n'a pour condition que le travail. La carte d'électeur, c'est le livret ou la patente, ou, pour mieux dire, c'est un de ces deux titres, car, sous un régime d'égalité, ces vieilles distinctions de rang doivent disparaître.

Tout citoyen, pour pouvoir exercer ses droits politiques, doit s'être fait inscrire sur le tableau d'une corporation de travailleurs.

Les droits politiques du citoyen s'exercent par l'élection, ou, en d'autres termes, c'est par l'élection que le peuple délègue à des mandataires une souveraineté qu'il ne peut exercer directement.

Jusqu'ici, l'élection n'a eu pour base que les divisions territoriales, et pour mesure que le nombre d'habitans. S'il ne s'agissait de représenter que les intérêts locaux, que les intérêts qui, par nature, sont intimement liés au sol, ce système remplirait toutes les conditions désirables. Le suffrage universel, s'il reste exclusivement soumis aux règles qui viennent d'être appliquées pour l'élection des membres de l'Assemblée nationale, donnera pour résultat une assemblée composée surtout de grands propriétaires, d'hommes placés plus spécialement au point de vue des intérêts de localité, et plutôt guidés par l'esprit de tradition que par les tendances novatrices.

Comme les campagnes renferment plus de population que les villes, ce seront les campagnes qui, en définitive, décideront du sort des candidats, et rien au monde empêchera que les grands propriétaires n'exercent, dans les campagnes, une influence décisive et que le résultat des élections ne soit en grande partie dans leurs mains. Avec le système qu'on vient d'expérimenter, nous arriverons, s'il était sans contrepoids, à n'avoir des intérêts du pays qu'une représentation fausse, parce qu'elle serait incomplète, mensongère, parce qu'elle serait exclusive. La propriété et les intérêts locaux, s'ils étaient seuls représentés, ce qui arriverait infailliblement avec un seul système électoral, aboutiraient fatalement à l'oligarchie et au fédéralisme, et susciteraient au moins de violentes protestations de la part des élémens sociaux ainsi furtivement dépouillés de leurs droits.

Le mode électoral qu'on vient de mettre en usage doit être conservé parce qu'il est bon que les intérêts de famille, de commune, de canton, de département, que les intérêts collectifs, en un mot, soient sincèrement représentés. Mais ces intérêts ne sont pas seuls; à côté des intérêts de la propriété et du sol, sont ceux de l'individu, du travail et de la profession; ceux-là aussi ont droit à une représentation que le système électoral actuel ne pourrait leur accorder.

Nous pensons, et ceci n'est point pour nous une conviction improvisée, mais le résultat de longues études et de travaux publiés il y a plus de dix ans, nous pensons qu'à côté d'une chambre élue d'après le mode qui vient d'être adopté pour la composition de l'Assemblée nationale, doit se former une chambre composée d'après une combinaison électorale entièrement différente.

Parallèlement au vote *territorial*, nous voudrions voir établir le vote *professionnel*. A la division topographique, nous voudrions voir joindre la division technologique, s'il est permis d'employer ce terme qui seul rend complètement notre pensée.

Le nord et le midi, la Bourgogne et la Bretagne n'ont pas

les mêmes intérêts. Il est bon que ces intérêts divers soient représentés, afin qu'aucun d'eux ne soit sacrifié aux autres ; mais de même l'industrie des métaux n'a pas des intérêts analogues à ceux des intérêts vinicoles ; le commerce n'a pas des intérêts identiques à ceux de la science ou des beaux-arts ; ces oppositions, ces différences, afin d'être conciliées, doivent nécessairement aussi être représentées. Il faut qu'il y ait des représentans spéciaux pour chaque série de travaux, comme il y en a pour chaque division topographique ; il faut, en un mot, que les anciens conseils généraux de l'agriculture, du commerce, des arts et manufactures renforcés par les représentans des professions libérales, réunis en une seule assemblée, et tirant leur origine de l'élection populaire, deviennent une des branches du pouvoir législatif.

Ici, l'élection à deux degrés devient indispensable. Tous les fabricans de tissus de la France, maîtres et ouvriers, tous les laboureurs, tous les avocats et les médecins du pays, ne pourraient s'entendre pour choisir les représentans des intérêts de chaque grande série de travaux. Mais que les membres de chaque corporation de travailleurs nomment au scrutin, pour chaque canton, un certain nombre d'électeurs. Ces électeurs, réunis au chef-lieu du département, se mettront facilement en rapport avec les électeurs des autres départemens, afin de se concerter sur les choix à faire ; ces choix sont même pour la plupart faits d'avance, car chaque industrie renferme des hommes éminens, que l'opinion, que la notoriété désigne comme les représentans naturels de chaque spécialité de travaux.

Ainsi deux chambres : celle des *députés des départemens* élus comme nous venons d'élire les membres de l'Assemblée nationale, et celle des *délégués du travail*, élus non par les départemens, mais par les industries particulières. Ainsi chaque citoyen voterait deux fois : l'une comme habitant de telle

partie du territoire , l'autre comme membre de telle corporation.

Encore un mot sur ce dernier mode d'élection, qui ne paraît étrange que parce qu'il est nouveau , et qui seul , qu'on
y réfléchisse, permettra au nouveau pouvoir de délibérer
avec autorité et intelligence sur ces questions brûlantes qu'a
soulevées l'assemblée que la force des choses avait réunie
au Luxembourg ; assemblée qui se réunira encore révolu-
tionnairement si la constitution n'en régularise pas l'action ,
et n'en fait pas, un rouage essentiel de l'organisation politique.

Le mode d'élection que nous proposons est simple. Les
commerçans de chaque canton , pour nous borner à un exemple , nomment des électeurs qui s'assemblent au chef-lieu de
département. Chacun de ces électeurs dépose dans l'urne un
bulletin sur lequel est inscrit un seul nom. Le dépouillement
de ce scrutin donne une liste qui est envoyée à Paris et qui est
jointe aux listes envoyées par chacun des autres départemens.
Les vingt, les trente citoyens qui se trouveront , sur la totalité de ces listes , avoir réuni le plus de suffrages , seront proclamés délégués de l'industrie commerciale. Il en sera de même
pour l'élection des délégués des autres branches du travail national.

Notre but, en ce moment, n'est pas de démontrer les avantages de ce second mode d'élection, qui aura au moins le mérite d'être indépendant des influences de clocher, ni de répondre aux objections qu'il peut faire naître. Cette discussion
trouvera ailleurs sa place. Il nous paraît plus convenable d'ex-
poser d'abord l'ensemble des principes qui nous semblent devoir servir de base à la constitution dont nous formulerons
plus tard les principaux articles.

IV.

Le pouvoir exécutif doit-il être confié à un Président, à des Conseils ou à des Directeurs ? C'est demander s'il est bon que le pouvoir exécutif soit fort par son unité ou affaibli par la division, et comme ce pouvoir est par sa propre nature le représentant des intérêts généraux et le défenseur de l'ordre public, c'est demander s'il est bon que le maintien de l'ordre soit confié à une main énergique, si, en un mot, force doit être donnée à la loi.

La division du pouvoir exécutif c'est l'anarchie ; son unité ne serait-elle pas le despotisme? Le despotisme ! Est-ce qu'il est désormais possible, en France ? Là où une dynastie élevée par l'acclamation populaire sur le pavois royal, environnée de troupes, armée de tous les moyens de corruption et forte même d'une apparence de légalité, n'a pu conserver le pouvoir, quelles chances pourraient-il rester à un usurpateur ?

Jusqu'ici les constitutions étaient dictées par un esprit de défiance contre le pouvoir ; la nation, non encore sûre de ses propres forces, exigeait de nombreuses garanties contre les empiètemens dont elle se croyait menacée. De là d'immenses inconvéniens; les entraves mises au pouvoir pour l'empêcher de faire le mal, l'empêchaient aussi de faire le bien ; il se trouvait condamné à cet amour du *statu quo*, à cette immobilité dont on lui a fait un crime, mais qui était une conséquence de la position que la charte lui avait faite.

Si la défiance est le vice de la faiblesse, la confiance est la vertu de la force. La France est assez forte pour être confiante et pour n'avoir pas besoin de ces minutieuses précautions, de ces puérils systèmes de garanties qui déshonoreraient la constitution d'un peuple libre.

Le despotisme n'est possible désormais que comme antidote à l'anarchie. Fortifier le pouvoir pour prévenir l'anarchie sera donc rendre le despotisme impossible.

Le Président de la République doit marcher l'égal des deux autres branches du pouvoir national. Il ne peut être élu par l'une ou l'autre des deux chambres, car élu par elles, il serait sous leur dépendance. Comme elles, il doit tirer son pouvoir du vote populaire. Il ne paraît pas nécessaire néanmoins, pour lé choix du Président, d'adopter un mode électoral particulier. Le citoyen qui aurait été élu à la fois par le plus grand nombre de départemens et par le plus grand nombre de corporations serait de droit Président de la République. Ce moyen serait peut-être le meilleur d'éviter les intrigues et même les collisions qui pourraient avoir lieu si le pays devait avoir à se prononcer directement sur le choix du citoyen à qui sera confié le pouvoir exécutif.

Nous avons dit que le Président, élément essentiel lui-même du pouvoir législatif, devait être l'égal de chacune des deux assemblées législatives ; c'est ici qu'est le point capital de notre système, c'est aussi par là qu'il sera le plus violemment attaqué.

Une tendance réactionnaire bien déplorable fait faire à beaucoup d'esprits prévenus ce singulier raisonnement : sous la monarchie, le roi était supérieur aux chambres, il faut donc, sous la République, que le pouvoir qui remplacera la royauté soit leur humble valet. Il faut que les chambres puissent suspendre le Président, le destituer, le juger et le condamner au besoin. C'est dans les chambres seules que réside la souveraineté, le Président n'est et ne peut être qu'un simple fonctionnaire.

C'est encore, on le voit, le sophisme que nous avons eu à combattre en commençant. Un peuple, ne nous lassons pas de le répéter, est à la fois une foule, une société, une nation; un peuple est une collection d'individus dont chacun doit *librement* se développer suivant sa propre nature, une association de forces dont la *fraternité* est le lien, une individualité distincte dont l'unité ou *l'ordre* est la loi essentielle. Un peuple est ÉGALEMENT ces trois choses; il ne sera donc complètement représenté que s'il est également représenté sous ces trois aspects. La représentation sera donc nécessairement triple et le Président représentera l'unité nationale comme une chambre en représentera la pluralité, comme l'autre chambre en représentera l'harmonie, c'est-à-dire le lien qui rattache ces deux aspects de la vie, c'est-à-dire le passage de la pluralité à l'unité.

Si une assemblée pouvait être la représentation intégrale des trois expressions de la vie du peuple, cette assemblée résumerait en elle la souveraineté populaire et le Président ne serait que son premier sujet. Mais, encore une fois, il n'en peut être ainsi et les chambres, pas plus que le Président pris d'une manière isolée, ne représentent le peuple. C'est la réunion de ces trois élémens qui constitue la représentation nationale, c'est leur unanimité qui exprime la volonté souveraine de la nation.

Est-il bon de confier l'exercice du pouvoir exécutif à l'un des trois membres de la législature? N'est-ce pas lui accorder une prérogative en contradiction avec cette égalité absolue que nous avons proclamée comme un axiôme fondamental du pacte républicain?

Égalité ne veut pas dire identité mais équivalence. Or, quel que soit le talent dont il fasse preuve, quel que soit le patriotisme dont il soit animé, le pouvoir exécutif chargé de faire respecter les lois, c'est-à-dire de maintenir les restrictions mi-

ses à la liberté individuelle, ne jouira jamais d'une popularité
aussi grande que celle dont seront en possession les chambres.
L'appui que lui prêtera le corps des fonctionnaires ne sera
tout au plus pour le Président qu'une compensation indispensable et sans laquelle il se trouverait sans force en face des
chambres, fortes de l'influence que leur donnera une immense
popularité.

Au surplus, quand on parle du pouvoir exécutif il ne faut
pas se le représenter entouré de toutes les attributions qu'il
avait sous la monarchie. Le roi était à la fois le chef de l'administration et le régulateur du mouvement politique. Il ad-
ministrait et il gouvernait. De ces deux séries d'attributions, la
première seulement doit être dévolue au Président de la République. Considéré comme chargé du pouvoir exécutif, il
sera le grand administrateur du pays, le chef de tous les fonctionnaires, le premier de tous les magistrats, mais rien de plus.
L'administration sera tout entière sous sa dépendance, mais
le gouvernement est autre chose que l'administration, et
l'action gouvernementale étant une attribution de la souveraineté, ne peut être exercée que par le souverain, c'est-à-dire par
l'unanimité des trois pouvoirs ou par une représentation spéciale de cette unanimité.

Une des causes qui rendaient si obscures les métaphysiques
subtilités des fictions constitutionnelles, c'était la confusion
mise à dessein entre trois choses essentiellement distinctes : la
loi, l'ordonnance et le réglement. Le réglement d'administration publique pourvoyait à l'exécution des lois ; mais l'ordonnance avait souvent un autre caractère et constituait un véritable empiètement sur le domaine de la loi dont elle suspen-
dait l'action, dont elle modifiait les termes, ou à laquelle même
elle se substituait. Ainsi une ordonnance mettait une ville en état
de siége, allouait à un ministre des crédits en dehors des pré-

visions du budget, ou, en vertu du droit de grâce, annulait la
sentence rendue par un tribunal.

Il faut aujourd'hui rentrer dans la vérité; il faut nettement
séparer la politique de l'administration. Mais, pour cela, la
création d'une nouvelle institution, d'une institution gouvernementale distincte des pouvoirs législatif et exécutif, est indispensable.

Un *Conseil suprême de gouvernement*, composé de neuf membres dont trois nommés par chacun des trois pouvoirs et pré-
sidés par le vice-président de la République, décide seul des
questions qui ne sont rigoureusement ni du domaine de la loi
ni de celui du simple réglement. Ainsi les traités d'alliance et
de commerce, les recours en grâces, la distribution des récompenses honorifiques ressortissent exclusivement de ce conseil.

L'inamovibilité de la magistrature étant confirmée par la
constitution, et elle le sera, car en elle réside la seule véritable garantie d'impartialité, il y aurait quelque chose de cho-
quant à faire nommer par le Président des magistrats que son
successeur ne pourrait révoquer. D'un autre côté, il y aurait
de graves inconvéniens à laisser sous la main du pouvoir exécutif les juges des tribunaux administratifs chargés de décider
entre ses agens et les particuliers; ce serait rendre l'administration juge et partie dans sa propre cause et continuer une
inconséquence qui depuis longtemps a frappé tous les esprits,
mais qui était inévitable dans un pays où toute justice se ren-
dait au nom du roi.

Toute justice parmi nous se rendant au nom du peuple, c'est
d'une délégation de la représentation nationale, du *Conseil suprême* que les juges de tout degré doivent recevoir l'inves-
titure. Les parquets seuls doivent relever du pouvoir exécutif.

3

Dans l'intervalle des sessions, le Conseil suprême remplace, pour les cas d'urgence, le pouvoir législatif et ordonnance les crédits supplémentaires que peuvent exiger les besoins du service. C'est à lui que doit être confiée la direction des relations étrangères ; c'est lui qui doit en nommer les agens, c'est lui qui doit préparer les traités, les signer sauf ratification de la représentation nationale. Pris isolément, le Président de la République ne représente pas la nation ; il n'en représente tout au plus qu'une partie ; il serait donc absurde qu'il puisse parler aux puissances étrangères au nom de la France. Ce droit ne peut appartenir qu'au Conseil suprême qui est une émanation directe des trois pouvoirs, et, s'il est permis de s'exprimer ainsi, un abrégé de la représentation nationale.

Enfin, et c'est là sa plus haute prérogative, c'est à ce conseil seul qu'appartient le droit d'initiative, le droit de présenter à l'acceptation des autres pouvoirs les projets de loi élaborés dans son sein ou dans des commissions formées par son ordre.

Nous comprenons combien doit paraître exorbitante la prétention d'enlever aux chambres ce droit d'initiative conquis par elles en 1830 ; aussi avons-nous hâte de prévenir les objections que cette témérité de notre part peut faire naître dans les esprits mêmes les plus habitués à la réflexion.

V.

Ce qu'il faut avant tout c'est que la concorde et l'harmonie règnent entre les trois pouvoirs. Tout refus de concours, on le sait, est le signal d'une révolution, et il est temps que de sages dispositions constitutionnelles préviennent enfin le retour de ces crises périodiques qui remettent en question l'existence même des sociétés.

Le principe d'égalité des trois pouvoirs était ouvertement violé dans l'ordre de choses auquel vient de succéder la République. Lorsqu'une chambre prenait l'initiative d'une loi, après l'avoir votée, elle était forcée de la faire présenter par un message à l'autre chambre. N'était-ce pas pour le pouvoir qui exerçait ainsi son droit d'initiative un rôle peu digne de ses hautes attributions ? n'était-ce pas la reconnaissance de son infériorité relativement au pouvoir dont il sollicitait les suffrages ? Et si, à la demande de sanction, on ne répondait que par un refus, si le projet, laborieusement élaboré, était dans une autre enceinte amèrement critiqué et dédaigneusement rejeté, n'était-ce pas une cruelle humiliation et presque une déclaration de guerre ?

Pour que l'égalité règne entre les trois pouvoirs, il faut sans doute que le droit de *veto* leur soit également accordé, il faut que leur libre adhésion soit indispensable à l'acte législatif. Le *veto* cependant est une bien dangereuse prérogative pour le pouvoir qui en dispose, parce qu'il ne peut en faire usage sans exciter contre lui les justes susceptibilités du pouvoir dont il annule ainsi l'initiative. Si le droit d'initiative n'appartenait à aucun des trois pouvoirs, aucun d'eux ne serait atteint par l'exercice du droit de *veto* dont chaque pouvoir pourrait alors disposer impunément.

Dans notre système, le secret qui préside aux travaux du Conseil suprême dérobe aux regards du public l'origine particulière de chaque projet de loi. Les chambres elles-mêmes ne savent si l'idée première en appartient à l'administration ou si elle résulte de la proposition isolée d'un de ceux de leurs membres qui siégent dans le conseil. Tout projet de loi étant présenté au nom du Conseil suprême, lorsqu'il est rejeté, ce refus de sanction n'a rien d'outrageant pour aucun des trois pouvoirs ou plutôt, retombant tout entier sur le Conseil qui est une émanation des trois pouvoirs, il les frappe tous trois également.

L'adoption préparatoire d'un projet par ce conseil suppose qu'au moins, en ce qui touche les principes, les représentans de la majorité dans les chambres, membres de ce conseil, se sont entendus avec leurs collègues représentans de l'administration. Aussi un des grands avantages de ce système qui transporterait les premières discussions, qui sont aussi toujours les plus passionnées, de la bruyante arène des chambres dans l'enceinte plus paisible du conseil, consisterait-il à prévenir ces ardentes, ces haineuses récriminations qui souvent, pour l'étranger, font de nos débats législatifs un sujet de scandale.

Lorsque la division des pouvoirs a été introduite dans les constitutions modernes, un grand problème à résoudre était de savoir à qui, en cas de lutte et de désharmonie, resterait la victoire. Ce ne pouvait être qu'au roi dans les gouvernemens monarchiques ; parmi nous aujourd'hui, si nous regardons les trois pouvoirs comme équipollens, ce ne peut plus être à personne, ou pour mieux dire, c'est par un appel au peuple seulement que doivent être tranchées les oppositions restées inconciliables ; c'est à la volonté du peuple et non à celle de l'un des trois pouvoirs qu'en définitive la force doit rester.

Si entre les trois pouvoirs naissent quelques dissentimens, c'est d'abord dans le sein du Conseil suprême qu'ils éclateront. Quand toutes les voies de conciliation auront été tentées, quand tous les moyens d'accommodement auront été épuisés, il arrivera ce qui arrivait lorsque dans le conseil des ministres se formait une scission ; il y avait dissolution du cabinet, et les ministres, ne pouvant plus s'entendre entre eux, remettaient leurs portefeuilles entre les mains du roi. Le Conseil suprême, quand la discorde éclatera entre ses membres , quand dans son sein n'existera plus cette unanimité absolue qui est indispensable à la valadité de ses résolutions , le Conseil se dissoudra lui-même , et , comme on ne quitte pas une haute position sans les plus graves motifs , il est évident qu'avant d'en venir à cette résolution extrême, toutes les concessions possibles auront de part et d'autre été faites ou proposées.

Le Président, de son côté, et chacune des deux chambres du sien, nommeront les nouveaux membres qui doivent composer le Conseil suprême reconstitué ainsi sur d'autres bases. L'intérêt particulier de chacun des trois pouvoirs fera porter les choix sur les hommes les plus modérés et les plus concilians, car si l'unanimité ne renaissait pas dans le nouveau conseil , sa dissolution entraînerait de plein droit la dissolution des chambres et la déchéance du Président. Le peuple, à l'instant même, serait appelé à se prononcer sur les questions en litige par de nouvelles élections générales.

Sous la monarchie , un appel aux électeurs ne terminait pas les différens, car l'élection pouvait, comme en 1830, renvoyer à Paris les mêmes mandataires et la couronne pouvait de son côté s'obstiner dans ses convictions. Alors une révolution seule pouvait trancher le nœud gordien. Dans notre système, l'insurrection ne deviendra jamais un devoir, parce qu'elle ne sera jamais l'indispensable moyen de ramener le calme dans l'atmosphère politique. Le président et les chambres nommés à la fois par les mêmes électeurs , élus par le peuple tout entier , seront nécessairement animés des mêmes sentimens. La constitution elle-même, sans qu'il soit besoin de faire un appel à la force, suffira pour renverser un gouvernement entre les élémens duquel ne régnerait pas une complète harmonie et qui , par conséquent , au moins dans quelques-unes de ses branches, ne représenterait plus véritablement la volonté na tionale.

Toutes les constitutions qui se sont succédé ont prévu le cas de la mise en accusation des ministres et indiqué les formalités à suivre pour procéder à leur condamnation. Beaucoup de publicistes supposent que la responsabilité qui, sous la monarchie, n'atteignait que les ministres, doit, sous une République, s'étendre jusqu'au chef du pouvoir exécutif. On sent qu'après avoir proclamé l'égalité absolue des trois pouvoirs et avoir, pour conserver leur dignité et leur indépendance, déclaré inviolables les membres des deux chambres, nous ne pouvons avoir la pensée de mettre le Président hors la loi commune aux deux autres pouvoirs.

Mais ce n'est pas seulement par respect pour la logique que le Président doit être déclaré irresponsable, et que sa personne doit être réputée inviolable, comme celle des autres membres de la représentation nationale. Dans notre système, cette irresponsabilité est un fait nécessaire. Le Président, en effet, ne peut commettre un crime de trahison ou une simple faute de nature à nuire aux intérêts du peuple sans le consentement tacite et la complicité des membres du Conseil suprême, puisque aussitôt que la marche adoptée par le pouvoir exécutif est de nature à éveiller les moindres soupçons dans l'esprit de ce conseil, il peut se dissoudre et arracher tout pouvoir au Président et aux chambres par un appel au peuple réuni en assemblées électorales. Ainsi toute mise en accusation du Président entraînerait comme conséquence forcée la mise en accusation des membres du Conseil suprême. Or les chambres qui nomment et peuvent changer à chaque instant les deux tiers des membres de ce conseil lui-même, et partagent sa complicité, devraient elles-mêmes être aussi mises en accusation. Ici l'absurdité devient si évidente qu'il est inutile d'insister davantage sur l'impossibilité d'une procédure là où, tout le monde étant complice, il ne pourrait y avoir ni accusateurs ni juges.

Avant de terminer ce long exposé des motifs d'un projet de constitution que nous soumettons au jugement de l'opinion publique, et, si cette épreuve lui est favorable, que nous adressons à l'Assemblée nationale comme un document de nature à l'aider dans ses travaux, nous croyons utile de résumer en peu de mots les idées générales sur lesquelles il repose et d'examiner rapidement un autre projet tracé par une plume illustre, mais dont l'adoption nous semblerait être le plus grand malheur qui puisse affliger notre pays.

Trois principes fondamentaux nous ont guidés : division en trois branches de la représentation nationale fondée sur la division naturelle qui existe entre les diverses sortes d'intérêts à représenter ; égalité absolue entre ces trois branches de la représentation et enfin entre elles solidarité complète.

Trois moyens entièrement nouveaux nous ont paru nécessaires pour arriver à ce triple résulat : création d'une chambre, produit de l'élection par groupes professionnels, à côté d'une chambre, produit de l'élection par circonscriptions territoriales, ou, si l'on veut, création d'une chambre du travail à la place de ce ministère du travail dont on nous menace et qui ne servirait qu'à porter le désordre dans les rangs des travailleurs ; séparation complète et absolue de l'administration et de la politique par la création d'un conseil qui seul aurait dans ses attributions ces mesures générales qui ne sont ni du domaine de la loi ni de celui du réglement administratif ; enfin, organisation de ce conseil sur des bases telles que les trois branches du pouvoir soient unies entre elles par le lien étroit de la même responsabilité morale.

Au premier aspect, le mécanisme que nous proposons paraîtra un peu compliqué peut-être ; mais c'est moins par le

nombre de ses rouages que par la puissance et l'unité de son
mode d'action que doit être jugée une organisation politique.
Quoi de plus simple, de plus unitaire que le phénomène de la
vie , quoi de plus complexe , de plus multiple que l'organisme
qu'elle anime ?

Quoique manquant dans son expression de ce laconisme
qui semble si convenable au langage républicain, puisqu'il
ne renferme pas moins de 188 articles, le projet de M. de La—
menais est certainement plus simple que celui que nous proposons. Tout dans ce projet se réduit à une assemblée en qui
se concentrent tous les pouvoirs et à un Président qui ne peut
faire un pas sans le bon plaisir de l'assemblée.

Le Président nomme les ministres, il est vrai, mais il faut
qu'il les prenne dans le sein même de l'assemblée. Ce n'est
pas tout : deux membres de l'assemblée, choisis par elle, sont
placés à côté de chaque ministre pour lui servir de conseil ou
plutôt de surveillant ; ce n'est pas tout encore : l'assemblée se
subdivise en autant de sections qu'il y a de ministère, et ces
sections, à moins qu'elles soient sans attributions, décideront
sans doute toutes les questions qui se rattachent aux différentes branches du service public, et, par conséquent, ne laisse-
ront aux ministres et au Président lui-même qu'un vain titre
et de dérisoires prérogatives.

Cette organisation n'a rien de neuf. C'est la Convention, plus
un fantôme de Président. La Convention n'était-elle pas aussi
divisée en sections ; n'avait-elle pas son comité de l'intérieur,
son comité des subsistances, son comité de la guerre, son comité des finances, dont les ministres, véritables premiers commis, recevaient et exécutaient les ordres! Si ces premiers commis
avaient eu un chef honoraire, la Convention aurait été exactement ce que M. de Lamennais voudrait rétablir parmi nous.

Nous ne dirons rien de l'organisation territoriale que propose ce publiciste. La commune a son assemblée souveraine et à côté d'elle un commissaire délégué par le Président, et aussi nul que le Président lui-même. Le département a aussi son assemblée toute puissante, et à côté de cette assemblée un commissaire sans puissance. Les membres de cette bizarre société ont exactement les formes de la tête, et n'en diffèrent que par les dimensions. Cette organisation est sans doute parfaitement symétrique, parfaitement régulière, mais, dans la nature, les minéraux seuls obéissent aux lois géométriques, la vie se développe et se manifeste sous des conditions différentes.

Le but de M. de Lamennais est d'affaiblir autant que possible le pouvoir exécutif ; le nôtre au contraire est de fortifier ce pouvoir par tous les moyens compatibles avec les garanties qu'exige la liberté.

Le pouvoir exécutif est le gardien de l'ordre, le protecteur des intérêts généraux. Partout où il sera faible, il n'y aura ni ordre ni sécurité ; partout où la constitution ne rendra pas le pouvoir exécutif indépendant du caprice des assemblées délibérantes, il n'y aura que confusion et anarchie ; partout où le pouvoir se concentrera dans une assemblée, le gouvernement tôt ou tard prendra la forme oligarchique. La liberté ne subsiste pas plus sous l'absolutisme d'une chambre que sous l'absolutisme d'un roi.

PROJET DE CONSTITUTION

DE LA RÉPUBLIQUE FRANÇAISE.

———————

Le peuple français, voulant régler l'exercice de la souveraineté qu'il tient de Dieu, source de toute souveraineté, déclare adopter, non seulement en vue de son propre bonheur, mais aussi en vue du bonheur des autres peuples ses frères, la constitution suivante :

ART. 1.er La France est constituée en République démocratique. La République française est une et indivisible.

Des Devoirs et des Droits des Citoyens.

2. Tout citoyen doit contribuer par son travail à la prospérité commune, par son dévoûment au maintien de l'ordre, par son courage à la défense de la patrie.

3. Est citoyen français, tout habitant du territoire de la République qui, y exerçant une profession, a rempli les formalités exigées par la loi.

4. Nul ne sera admis à l'exercice des droits civiques, s'il n'est âgé de vingt-un ans, et inscrit sur les registres d'une corporation de travailleurs. La loi réglera les conditions à remplir pour cette inscription et déterminera les causes qui suspendent l'exercice des droits civiques.

5. Le premier droit des citoyens est de concourir par leurs libres suffrages à la nomination des membres de la représentation nationale.

6. La liberté de conscience, la liberté de la presse, a liberté d'enseignement, la liberté d'association sont des droits inhérens au titre de citoyen ; la loi ne peut y mettre ni limites, ni entraves; elle doit seulement en réprimer les abus.

7. Excepté dans le cas de condamnations régulièrement prononcées par les tribunaux compétens, la personne et le domicile des citoyens sont inviolables ; la loi néanmoins, pour cause d'utilité générale, pourra, dans certains cas et avec des formes rigoureusement déterminées, autoriser l'arrestation préventive et les visites domiciliaires.

8. Nul ne peut être dépouillé de sa propriété, même pour cause d'utilité publique, sans une indemnité juste et préalable.

9. L'état doit l'instruction aux enfans, le travail aux hommes valides, des secours aux malades et aux vieillards.

Du Gouvernement de la République.

10. Le peuple délègue l'exercice de ses droits de souveraineté à ses représentans.

11. La représentation nationale se compose du *Président de la République,* de la *Chambre des députés des départemens,* et de la *Chambre des délégués du travail.* Le

président, les députés et les délégués portent également
le titre de *Représentans du peuple*.

12. Ces trois branches de la représentation nationale
sont indépendantes et égales. C'est de leur unanimité
seule que résulte la loi.

13. Sont électeurs et concourent à l'élection des membres de la représentation nationale , tous les Français
jouissant de l'exercice des droits civiques.

14. La chambre des députés est composée d'un nombre de membres élus par le suffrage direct qui ne pourra
excéder six cents. Une loi spéciale déterminera le nombre
de députés à élire par département, eu égard à sa population, les conditions et les formalités à remplir pour la va-
lidité des élections.

15. La chambre des délégués est composée d'un nombre de membres égal à celui de l'autre chambre. Une loi
spéciale distribuera, d'après la nature de leurs travaux,
tous les citoyens en un certain nombre de corporations.
Chaque corporation de travailleurs élira un nombre égal
de délégués.

16. Les membres de chaque corporation nommeront,
au scrutin de liste, dans les assemblées cantonales, un
certain nombre d'électeurs. Les électeurs nommés par
chaque corporation formeront, au chef-lieu de département, une assemblée particulière. Chaque électeur ins-
crira sur son bulletin le nom du citoyen qui lui paraît
le plus capable de représenter son industrie. Ces bulle-
tins seront dépouillés par l'assemblée des électeurs, et le

dépouillement en sera publié immédiatement et adressé à Paris où sera fait le recensement général des suffrages. Les citoyens qui, sur la totalité des listes de recensement d'une corporation, auront réuni le plus de suffrages, seront proclamés délégués de cette corporation. Une loi déterminera les règles à suivre pour ce mode d'élection.

17. Tout citoyen jouissant de ses droits civiques est éligible quel que soit le département qu'il habite, ou la corporation à laquelle il appartienne.

Les fonctions publiques sont incompatibles avec le mandat législatif ; la loi, cependant, dans l'intérêt général, pourra établir quelques exceptions à ce principe.

18. Les représentans du peuple, membres des chambres, reçoivent pendant la durée des sessions une indemnité pécuniaire.

19. Les représentans du peuple sont inviolables. Ils ne peuvent être recherchés, accusés ni jugés en aucun temps pour ce qu'ils auront dit, écrit ou fait dans l'exercice de leurs fonctions.

Ils pourront être arrêtés pour faits criminels dans le cas de flagrant délit, mais, si le Conseil suprême de gouvernement dont il sera parlé plus bas, n'autorise pas dans les vingt-quatre heures la continuation des poursuites, ils seront remis en liberté.

20. Les chambres ne peuvent délibérer sans la présence de la moitié plus un des membres qui les compo-

sent. Leurs délibérations sont prises à la majorité absolue
des suffrages.

21. Aucune pétition ne peut être apportée à la barre
des chambres. Les pétitions devront être adressées par
écrit aux présidens de chaque assemblée.

Les chambres 'ne peuvent être assemblées l'une sans
l'autre. Elles s'assemblent de droit chaque année le 15
janvier.

22. Les représentans du peuple, c'est-à-dire les membres des chambres et le Président, sont élus pour cinq ans.
Ils sont toujours rééligibles. Le Président, néanmoins, dans
aucun cas, ne pourra conserver le pouvoir pendant plus
de dix années consécutives.

23. Est Président de la République, celui des membres
de l'une ou l'autre chambre qui a été élu à la fois par le
plus grand nombre de départemens et de corporations.
En cas d'égalité dans le nombre des suffrages collectifs
obtenus par deux ou plusieurs représentans, le plus âgé
sera proclamé président.

Du Pouvoir exécutif.

24. Le pouvoir exécutif est délégué par le peuple au
Président de la République.

25. Le Président est chargé de l'exécution et de la
promulgation des lois ; il fait, en conseil des ministres,
tous les réglemens d'administration publique. Il nomme les
ministres et les change quand il le juge convenable

26. Il nomme à tous les emplois publics, à l'exception de ceux dont la nomination est dévolue au Conseil suprême de gouvernement.

27. Il dirige par ses ministres les armées de terre et de mer, mais il ne peut en personne se mettre à la tête des flottes ou des armées sans y être autorisé par une loi spéciale.

28. Il choisit parmi les membres de l'une ou l'autre chambre le vice-président de la République, qu'il peut toujours révoquer s'il le juge convenable.

En cas d'empêchement ou de décès, le vice-président remplace de droit le Président.

29. Le président n'assiste jamais aux séances des chambres. Il ne communique avec elles que par ses ministres.

Les ministres prennent dans les chambres la parole quand ils le jugent convenable; elle ne peut leur être refusée.

30. Le traitement du Président de la République est de 600,000 fr. par an.

Du Conseil suprême de Gouvernement.

31. Le Conseil suprême de gouvernement est composé du vice-président, de deux ministres désignés par le Président, et de trois membres de chacune des deux chambres nommés par elles au scrutin de liste. Ce conseil

est présidé par le vice-président de la République, ou en son absence par un membre désigné par lui.

32. Le Président et les chambres peuvent, quand ils le jugent convenable, changer ceux des membres de ce conseil qui sont à leur nomination.

33. Les délibérations de ce conseil sont prises à l'unanimité et ne sont valables qu'autant que sept membres au moins y ont pris part et les ont signées. Les séances sont secrètes.

34. Le Conseil suprême convoque les chambres quand cela lui paraît nécessaire, les proroge et les remplace en cas d'urgence dans l'intervalle des sessions. Il convoque également les assemblées électorales et veille à ce qu'aucune atteinte ne soit portée à la liberté et à la sincérité des élections.

35. Il nomme, sur la présentation du ministre de la justice, à tous les emplois de juges et de conseillers des tribunaux civils, criminels et administratifs, et directement à toutes les fonctions diplomatiques.

36. Il exerce seul le droit de grâce, d'amnistie, et celui de commutations de peines.

37. Il distribue seul les décorations et autres récompenses honorifiques.

38. Il donne des ordres et des instructions aux agens diplomatiques, et seul, entretient, par l'intermédiaire de son président, des rapports avec les ambassadeurs et les

cabinets des nations étrangères. Il discute et prépare les traités de paix, d'alliance et de commerce, et les signe sous la réserve de la ratification du pouvoir légis-latif.

39. Il a seul l'initiative des lois. Il en prépare les pro-jets et se fait assister par des commissions spéciales qu'il nomme, et par des bureaux permanens placés sous sa dépendance.

40. Il fait présenter par ses commissaires délégués à cet effet ces projets de lois aux chambres. Ces commissai-res peuvent prendre la parole dans la discussion toutes les fois qu'ils le jugent convenable. Le budget est présenté alternativement en premier lieu à chacune des deux chambres.

41. Aucun amendement aux projets de loi ne peut être discuté sans avoir été renvoyé au Conseil suprême et approuvé par lui.

42. Les déclarations de guerre sont présentées aux chambres et discutées comme les projets de lois. Néan-moins, dans ce cas, les délibérations devront être prises dans chaque chambre à la majorité des deux tiers des suffrages.

43. Si l'harmonie venait à ne pas régner entre les membres du Conseil suprême, si deux de ses membres en transmettaient la déclaration signée d'eux au Président de la République et à chacune des chambres, le Conseil su-prême se trouverait à l'instant même dissout de plein droit,

et chacun des trois pouvoirs pourvoirait par de nouvelles nominations à la reconstitution de ce conseil.

44. Si, pendant les trois mois qui suivront cette reconstitution, une nouvelle déclaration de désharmonie venait à être faite, les chambres se trouveraient dissoutes de fait, et les pouvoirs du Président cesseraient à l'instant même. Le Conseil suprême, par des décisions prises à la simple majorité, pourvoirait à la convocation immédiate des assemblées électorales, et à l'expédition des affaires urgentes.

Organisation communale et départementale.

45. Les communes sont administrées par des maires et des conseils municipaux.

Les conseillers municipaux sont nommés pour trois ans par tous les habitans de la commune jouissant des droits civiques, réunis en assemblée électorale. Le maire est élu par le conseil municipal et en est le président. Néanmoins, le maire de la commune dans laquelle siégent les assemblées législatives, est nommé par le Conseil suprême de gouvernement, qui nomme aussi le commandant supérieur de la garde nationale de cette commune.

46. Le maire fait exécuter les décisions du conseil municipal, après toutefois qu'elles ont été approuvées par le représentant du pouvoir exécutif dans le département.

47. La direction de la police administrative dans chaque commune est confiée aux maires, qui seuls ont le droits de réquérir la garde nationale.

48. Le conseil municipal de chaque commune nomme un nombre de délégués proportionné au nombre de ses habitans, pour la représenter dans le conseil départemental et le conseil d'arrondissement. Une loi réglera les attributions de ces conseils,

La dissolution des conseils municipaux et des gardes nationales, ne peut être prononcée que par le Conseil suprême.

De la Justice.

49. La justice sera rendue au nom du peuple français.

50. L'institution du jury sera successivement développée par la loi et appliquée tant à la mise en accusation qu'au jugement dans les affaires criminelles.

51. Le jugement des crimes et délits résultant de l'abus fait d'une des libertés énoncées en l'art. 6, sera exclusivement attribué au jury.

52. Il ne pourra être créé de tribunaux exceptionnels sous quelle dénomination que ce puisse être. Ne sont point considérés comme tribunaux exceptionnels, les tribunaux militaires et maritimes existant aujourd'hui, les tribunaux de commerce et ceux des prudhommes.

53. La peine de mort est abolie. Celle de la confiscation ne pourra être rétablie.

De la révision de la Constitution.

54. Le Conseil suprême de gouvernement pourra quand il le jugera convenable, proposer aux assemblées législa-

tives de décider qu'un ou plusieurs articles de la constitution seront révisés. Si cette proposition est adoptée par la représentation nationale, dans la session suivante des chambres, la réforme demandée sera discutée dans la forme établie pour les projets de loi, mais ne pourra être votée par chaque chambre qu'à la majorité des deux tiers des suffrages.

Articles transitoires.

55. L'Algérie et les colonies sont déclarées parties intégrantes du territoire national, et seront divisées en communes et en départemens. Les lois spéciales qui les régissent aujourd'hui ne seront néanmoins successivement abrogées que par des décisions du Conseil suprême, rendues sur l'avis des représentans de ces colonies dans les chambres.

56. Les lois actuellement en vigueur, tant qu'elles n'auront été ni abrogées ni modifiées par la représentation nationale, continueront à être exécutée en ce qui n'est pas contraire à la présente constitution.

IMPRIMERIE DE P. COUDERT, RUE PORTE-DIJEAUX, 43.

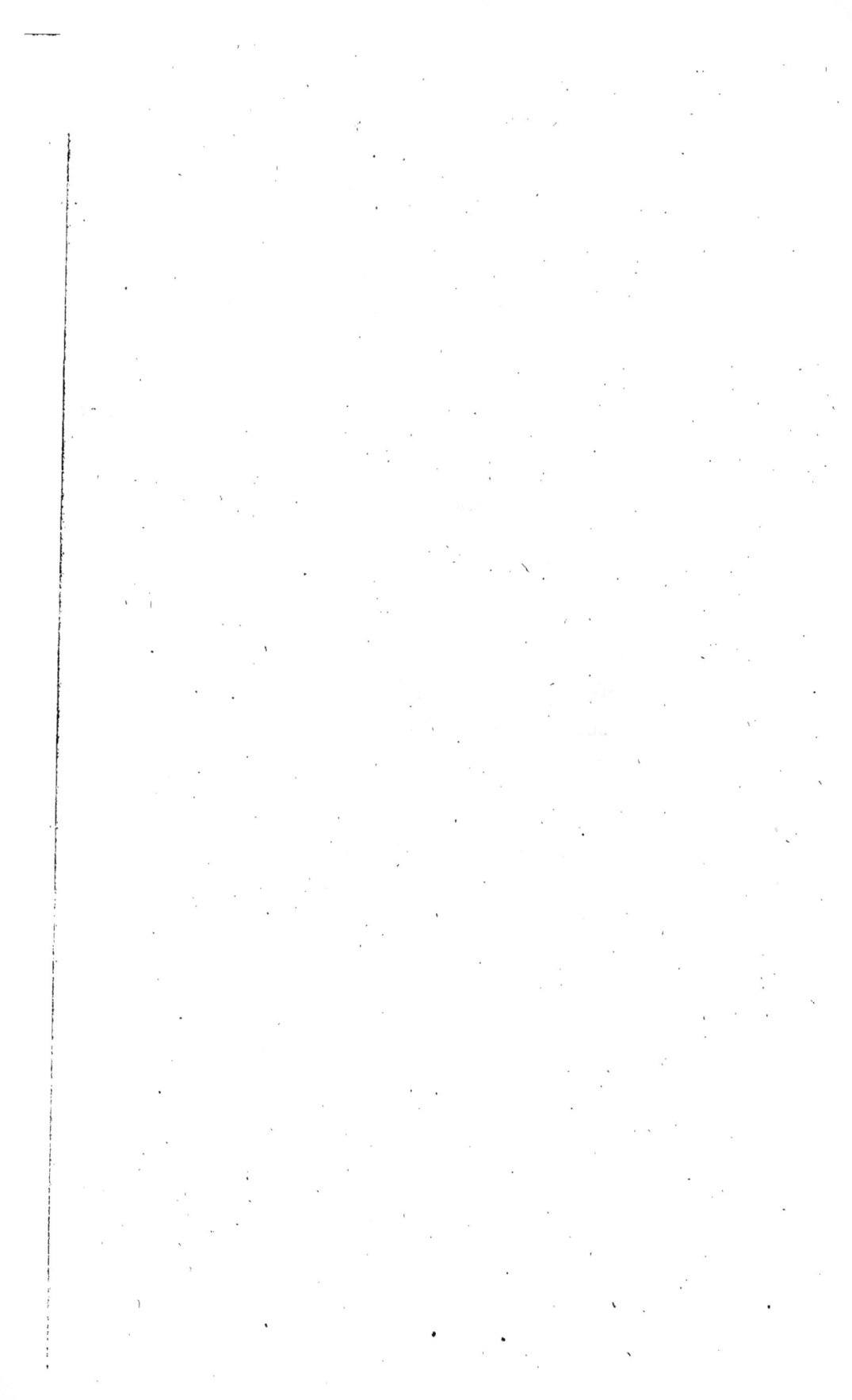